Zigzags poétiques

Georges Eekhoud

Paris, 1877

© 2025, Georges Eekhoud (domaine public)
Édition : BoD · Books on Demand, 31 avenue Saint-Rémy, 57600 Forbach, bod@bod.fr
Impression : Libri Plureos GmbH, Friedensallee 273, 22763 Hamburg (Allemagne)
ISBN : 978-2-3225-6086-8
Dépôt légal : Janvier 2025

GEORGES EEKHOUD

ZIGZAGS POÉTIQUES

> *Tanchelin.*
> *Nina.* — *La Mare aux sangsues.*
> ·
> Poésies diverses.

PARIS
LIBRAIRIE DES BIBLIOPHILES
RUE SAINT-HONORÉ, 338

M DCCC LXXVIII

TABLE

Dédicace
Amour d'outre-tombe

La Mare aux sangsues
    I.   Pierrot et Coco
    II. Condamnation à mort
    III. Le Sacrifice
    IV. Les Deux Amis
    V. L'Expiation

Le Dolmen
Sieste Romaine
Bertha
Un Duel
Aspiration au grand repos
Nina

Tanchelin

I. Geneviève
II. La Tour d'Asco
III. La Vision
IV. Le Miracle
V. La Séduction
VI. Une Fête de Tanchelin
VII. L'Expiation

À MON AMI HENRI H***

Nous avons lu ces vers ensemble,
Alors qu'ils étaient ébauchés,
En été sous l'arbre qui tremble,
En hiver sur l'âtre penchés.

Tu présidas à leur naissance,
Ils ont grandi sous ton regard,
Toujours joyeux en ta présence,
Souvent tristes par ton départ.

Veux-tu qu'à la foule je livre
Cette œuvre de notre amitié ?
De mon cœur tu tiens la moitié :
Prends donc la grosse part du livre.

Paris, 20 septembre 1877.

AMOUR D'OUTRE-TOMBE

Je lui disais souvent, à ma douce colombe :
      « Tes yeux seront fermés ;
Mais l'amour doit survivre au néant de la tombe,
      À nos corps déformés.

« De ces baisers brûlants dont ta bouche m'enivre,
      De cette volupté
À laquelle, en pâmant sur ton sein, je me livre,
      Le temps n'est point compté.

« L'amour n'a point d'arrêt, de terme et de mesure ;
      Le nôtre est éternel.
L'âme, libre là-bas, se venge avec usure
      De l'obstacle charnel.

« Nos êtres, purs esprits, se confondront ensemble

    Comme deux bulles d'air
Qu'un zéphyr généreux à son souffle rassemble
    Dans les champs de l'éther.

« Ce sera le concert de deux notes rapides,
    Deux sons mélodieux
Qui vibrent en accord sous les doigts des sylphides
    Et montent vers les cieux,

« Ou bien l'exhalaison d'une subtile essence
    Dont le léger parfum
Dans un autre parfum s'abîme et se condense
    Pour n'en plus former qu'un.

« Ce sera le contact, l'absorption suprême
    Pour laquelle nos sens,
Mes yeux, ma lèvre en feu, tout mon être qui t'aime,
    Nos corps, sont impuissants,

« Ce qui n'est qu'un moment, jouissance fiévreuse
    Et désirs assouvis,
Ne s'imposera plus à l'ardeur amoureuse
    De nos êtres ravis.

« Un plaisir sans fatigue et dégagé d'entraves
    Nous bercera là-haut.
Nos âmes à leur tour dans des baisers de laves
    S'embrasseront tantôt.

« Ainsi, mon adorée, au paradis des prêtres
    Laissons rêver les fous ;
Aimons-nous sur la terre, et là-bas nos deux êtres
    Rendront le ciel jaloux.

« Plus épris que jamais, livrons notre dépouille
    Aux outrages des vers ;
Alors, dans un amour que rien d'impur ne souille,
    Oublions l'univers ! »

Juin 1877.

LA MARE AUX SANGSUES

Faits divers

I. Pierrot et Coco
II. Condamnation à mort
III. Le Sacrifice
IV. Les Deux Amis
V. L'Expiation

I

PIERROT ET COCO

Ils n'ont qu'un seul enfant dans cet humble ménage,
Un gamin de six ans. Six ans, c'est le bon âge
Où l'âme, que le ciel inonde de clarté,
Est charmante de grâce et de vivacité !
On n'est plus au berceau, pas encore à l'école ;
On est tout mouvement. Comme l'oiseau qui vole,
On n'aime pas la cage, et l'on va dans les bois
Mêler sa belle humeur aux échos d'autres voix.
On ne marche jamais : on bondit, on sautille,
On court au papillon, à la mouche qui brille ;
On fait de gros bouquets perdus à chaque pas,
On abat des fruits verts qu'on ne ramasse pas.

Ô le matin joyeux, le doux printemps folâtre !
Qui dirait à la terre, alors, qu'elle es marâtre ?
Qui dirait que plus tard de longs jours ennuyeux
Ou tristes pâliront ce teint et ces beaux yeux ?

Entre tous les enfants des fermiers de la plaine,
Je ne connaissais pas d'image plus sereine,
Plus mutine, que le petit gars des Vachet.
Le charmant polisson, le doux mauvais sujet !
C'était un frais blondin que Pierrot, et l'idole
De sa mère. Il n'est point d'assez tendre parole
Pour dire cet amour chaleureux et constant.
Le père, moins ému, l'adorait presque autant.
L'enfant à tous les deux prodiguait ses caresses ;
Mais un autre être encor réclamait ses tendresses :

C'était un vieux cheval, souvenir de l'aïeul,
Bête borgne, sans prix, gardant dans son œil seul

Ce long regard placide et de bonté muette
Qui rassure l'enfant et charme le poëte !
Pauvre Coco ! son poil grisonnait et son crin
Se perdait en flocons aux buissons du chemin ;
Mais il était heureux, grâce àson camarade.
Soigné, gâté, choyé, comment être maussade ?
Aussi, pour un vieillard, quelle excellente humeur !
Coco, reconnaissant, jugeant dans son grand cœur
Qu'il fallait pour Pierrot comprendre la jeunesse,
Sautait et gambadait, poussait la gentillesse,
Chaque fois qu'il portait son maître sur le dos,
Jusqu'à ressusciter un bon temps de galop.

Ils s'amusaient à deux. Après les courses folles,
Ils s'étendaient le long du ruisseau, sous les saules.
Coco du gazon frais acceptait le régal,
Pierrot cueillait des fleurs, et le cou du cheval
Était toujours orné d'une large couronne.
Pour surveiller l'enfant on n'employait personne :

Le cheval suffisait. C'était un serviteur
Fidèle, complaisant, et sage sans hauteur.

Aussi jamais entre eux la moindre bouderie.
Dès l'aube, le petit courait à l'écurie :
« Allons, vite, Coco, vite, voilà du foin,
De l'avoine, du pain bis, du sucre… » Et de loin
La bête le flairait ; guettant son arrivée,
Elle hennissait vivat ! la tête relevée,
Le cou tendu. Bonheur ! elle sentait la main
De Pierrot caresser sa peau de parchemin.
« Dépêche-toi, Coco ; mange et bois ! Puis, en selle ! »
L'animal s'agitait de plaisir. La nouvelle
Aurait bien ennuyé d'autres vieillards que lui ;
Mais Coco ne savait de plaisir aujourd'hui
Que d'amuser l'enfant, de subir ses caprices.
Ils partaient, s'égaraient bien loin. Quelles délices !
Que l'air vous ranimait ! que de concerts joyeux
Dans les arbres touffus, et que d'azur aux cieux !
L'infaillible moyen d'oublier la journée,
Le temps qui s'envolait, de voir la destinée
À travers le miroir d'un bonheur éternel !

Ils rentraient quand l'étoile apparaissait au ciel.

II

CONDAMNATION À MORT

Ce bonheur ne devait pas durer. Les fortunes
Ont plus de changements, de phases, que les
lunes.
À tel foyer prospère où la veille on riait,
Le malheur interrompt le chant par un
hoquet.

Les Vachet subsistaient d'un gagne-pain
bizarre.
Au milieu de leurs champs se trouvait une
mare,
Sorte de vaste étang entouré de roseaux.
Ce vivier n'avait point de poissons dans ses
eaux,
Mais dans le fond nageaient, noires,
visqueuses, nues,
Vampires répugnants, des milliers de
sangsues,

Que la ville voisine achetait à poids d'or
Et que les éleveurs soignaient comme un trésor.

Cependant cette année avait été mauvaise.
Les Vachet, braves gens, qui vivaient à leur aise,
Se voyaient menacés de jours empoisonnés.
Ils étaient stupéfaits. Nous sommes étonnés,
Quand le calme pour nous devenait habitude,
D'entendre résonner brusquement, grave et rude,
La voix de l'infortune aux lugubres haillons,
Étouffant les concerts des joyeux carillons.

Un soir ils en causaient. On était en automne,
La saison qui reprend ce que le printemps donne !
Le père expliquait tout. Près du foyer éteint,
La mère, comme ceux que le malheur étreint,
Assise tristement, écoutait inclinée
Cet exposé cruel des pertes de l'année.
L'enfant à ses côtés, sommeillant doucement,
Fatigué de jouer, posait son front charmant
Sur le sein maternel, et rien de leur souffrance

N'avait de sa jeune âme assombr[i]
l'espérance.

« Oui, disait Vachet père, il nous fau[t]
renoncer
Aux profits, et compter avant de dépenser.
Tu devras de pain noir te contenter, m[a]
chère !
— Bah ! mon ami, tant pis ! Ce n'est point l[a]
misère,
Ce n'est qu'un vent contraire ; il peut enco[r]
tourner…
— Les bêtes ont perdu. Ne va point t'étonne[r]
En trouvant un matin notre mare vidée…
— Mais, ami, sais-tu bien qu'il me vient une
idée…
— Inutile. J'ai tout essayé. Le fléau
Les emporte. On les voit surnager à fleur
d'eau,
Maigres, le corps rayé de bandes violettes…
— Suffit-elle à leur faim, la chair que tu leur
jettes ?
— Je ne puis cependant les nourrir de nos
bœufs ?
— Non, mais en achetant des animaux trop
vieux
Pour le travail… — Au fait, de cette
épidémie

La faim peut être cause… Écoute, mon amie,
Ton idée aussitôt m'en donne une autre. Dis,
Les vieux chevaux sont chers comme le paradis ;
Mais le brave Coco pourrait servir, je pense.
Depuis assez longtemps nous engraissons sa panse.
À son tour de payer. Si l'essai réussit,
Nous recommencerons… — Le cheval du petit !
L'ami de mon Pierrot ! le souvenir du père !
Y songes-tu ? Pour moi, dût la noire misère
Nous affliger un jour par le froid et la faim,
La bête recevrait une part de mon pain.
— Un cheval à nourrir, sais-tu que cela coûte ?
Puis on rencontre assez de pauvres sur sa route…
(Excuse de l'enfer ! parfois la cruauté
Se pare de tes traits divins, ô charité !)
Tu radotes : le père est couché dans la tombe ;
Pourquoi songer au mort quand le vivant succombe ?
J'aime aussi le cheval ; mais la nécessité
Commande ici plus fort que notre volonté…
Quant à l'enfant, bientôt il atteindra cet âge
Où les autres petits se rendent au village
À l'école. Il aura vite des compagnons ;

Coco ne pouvait pas lui donner des leçons...
Puis, c'est trop attacher cet enfant à la brute :
L'homme doit être instruit par l'homme, pour la lutte.
— Ce que tu dis est vrai, fit-elle doucement,
Mais, rien qu'en y songeant, J'éprouve un serrement
Dans mon cœur, car Pierrot, notre pauvre cher ange,
Aimait tant ce cheval ! — Il faudra qu'il s'arrange,
Et même dès ce soir... — Cela ne presse pas...
— Oui. L'enfant dort. Je cours attacher, de ce pas,
Le cheval au poteau. — Vivant ? — Hé ! la viande
Aura plus de saveur : la sangsue est friande.
— Attends un jour encor. Pauvre bête ! — Tais-toi,
Car si Pierrot s'éveille, il met tout en émoi...
— Non, reste ! Sois clément ! — Femme, c'est assez rire !
Je sors. — Ah ! nous livrons l'animal au martyre !... »

Inexorable, il va. Mais Pierrot, éveillé,
Se redresse et s'élance. — Ô mon père ! pitié !

Mère, ne laisse pas faire ces laides choses…
Tuer Coco ! Jamais… » Sur ses pieds nus et roses
Le blondin est couru vers la porte, À genoux
Il se jette, étendant les bras. « Dépêchons-nous,
Dit brusquement Vachet. Allons, petit, silence !
Je ne badine pas. Calme ta pétulance,
Il est temps de dormir. — Non, je n'ai plus sommeil ! »
Fait le pauvre Pierrot, et son regard vermeil
Est noyé dans ces pleurs qui font du mal aux mères.
« Vachet, dit celle-ci, ces larmes sont amères,
L'enfant souffre ; je sens… son cœur va se briser.
— Ne dis point de bêtise et laisse-moi passer…
Pierrot, ce que je veux, c'est la loi ! Ce qu'un père
Fait est toujours bien fait. Obéis… » La colère
Du fermier lui cachait la douleur de Pierrot.
Céder à cet enfant, reculer, c'était trop.
Mais comment a-t-il pu repousser ces mains blanches,
Ces pauvres petits doigts cramponnés à ses

hanches !

« Écoute, fait la mère, attends jusqu'à demain…

— Ah ! tu n'obéis point ! Ah ! le mauvais gredin !…

Femme, prenez monsieur, portez-le dans sa chambre…

— Grâce, papa ! » Pauvre printemps où vient décembre,

Doux rayon de soleil voilé par les frimas !

La mère l'emporta, sans force, dans ses bras.

Le mit dans sa couchette en l'embrassant sans cesse.

Mais l'enfant par des pleurs accueillait sa caresse.

Il s'endormit pourtant, car le plus grand chagrin

De cet âge est vaincu par le sommeil serein.

III

LE SACRIFICE

L'homme avait emmené Coco de l'écurie.
Le cheval espérant courir dans la prairie,
Que l'enfant l'attendait, hennit déjà content.
Vachet eut un remords. Il persista pourtant.
Arrivés à l'étang, ils entrèrent dans l'onde.
La mare s'étendait, mais n'était point profonde.
Vachet était chaussé de bottes. L'animal
Suivait docilement ce chemin anomal.
Des monstres alléchés montaient à la surface.
Arrivés au milieu de l'étang, à la place
Où s'élevait le pal, on s'arrêta. Vachet
Attacha fortement le cheval au crochet ;
Puis le bourreau s'enfuit devant l'œil sans rancune
Du vieux martyr tournant vers lui sa tête brune.

IV

LES DEUX AMIS

Du pays fantastique où vit la reine Mab,
Où court la biche au bois, où fume le nabab,
Séjour des elfs lutins et de Sheherazade,
Pierrot fut arraché par un sorcier maussade.
Le rêve en un instant s'était évanoui.
Le regard de l'enfant, de fruits d'or ébloui,
Rentrait dans la nuit sombre ; un bruit lugubre, étrange,
Chassait des visions la timide phalange.
C'était comme un regret, un râle déchirant
Qu'on entend seulement au chevet d'un mourant.
Pierrot sauta du lit et courut à la porte.
Mais elle était fermée. Il n'avait de la sorte
Qu'à rentrer dans ses draps, à dormir, sans songer
À cet appel jeté par un être en danger.
Le cri se répéta désespéré, suprême.

« C'est Coco ! dit l'enfant. Attends, je viens, je t'aime...
Oh ! comment le sauver ?... Pourvu qu'il vive encor !... »

La lune se leva, glissant un reflet d'or
Dans la chambre. Pierrot attaqua la fenêtre.
« Ô bonheur ! » s'écria le pauvre petit être ;
Et de ses frêles mains il parvint à l'ouvrir.

Le mur est élevé. N'importe, il faut sortir,
Car Coco, son ami, son compagnon fidèle,
Est là-bas, dans l'étang sinistre, qui l'appelle !
Ah ! s'il avait l'échelle, une corde... Rien ! rien !
Le vide est devant lui. Sauter ? Il faudra bien ;
Mais la mort guette en bas l'enfant. Clarté soudaine,
On peut avec les draps de lit faire une chaîne !
À l'œuvre ! Il réussit. Un bienheureux barreau
Lui permet d'y fixer un bout.

Il faisait beau.
La nuit était limpide et tiède ; de la terre

Montaient de blancs flocons, des bruits pleins de mystère.
Il s'élance. Bonheur ! Dix mètres à franchir !
Mais songez donc ! sans lui Coco devait périr !

Il n'était point vêtu ; sa légère chemise
Seule se soulevait au souffle de la brise,
Pudique nudité que les astres du ciel
Éclairaient. Le bon Dieu disait à Raphaël :
« Vois-tu ce doux blondin ? la mort va le surprendre ;
La terre nous a pris cet ange et doit le rendre. »

Il descendit. Comme il courut vers l'étang noir,
Effrayant devant lui les papillons du soir !
« Je viens, Coco, je viens ! » Il vit la mare hideuse.
Autour d'elle le vent s'engouffrait dans l'yeuse
Et soupirait.

        L'ami qu'il venait délivrer
Était-il mort déjà ? L'enfant allait pleurer,
Mais il tint bon, marcha courageux et stoïque,

Entra sans hésiter dans ce marais oblique.
Il approcha du pal en appelant parfois
Son ami ; mais Coco restait sourd à sa voix.
Enfin il put toucher et caresser la bête.
Sur le dos du cheval, il appuya sa tête,
Il mit ses petits bras à son cou, l'embrassant,
Lui parla, l'enfourcha, câlin et caressant,
Prit la corde en songeant à gagner le rivage,
Avec son cher butin. « Vite ! C'est moi, courage ! »
Coco se redressait, il semblait ranimé
Au toucher, à la voix du maître bien-aimé.
Les hennissements ont comme une langue humaine
Leurs baisers, leur prière.

Au-dessus de la plaine
L'écho les répéta pour les dire à ces bois
Que naguère ils avaient parcouru tant de fois !

Mais l'enfant écoutait, triomphant, sans comprendre
Que c'était un adieu qu'on lui faisait entendre.
. . . .
. . . . . .

V

L'EXPIATION

« Alerte !... » dit la femme à Vachet endormi
(La mère n'avait su reposer qu'à demi) ;
N'as-tu pas entendu, dans la nuit, cette plainte ?
— Bah ! ce sera Coco, fit l'homme ; sois sans crainte,
Il se taira bientôt aussi, pour longtemps. C'est
Notre destin à tous : l'on vit et l'on vivait…
— Mais ce cri m'a fait mal, j'en tremble encore… Cesse
De plaisanter ce soir. Quelque chose m'oppresse.
Nous n'avons pas bien fait : nous avons tenté Dieu !
— Vas-tu bien me laisser dormir, et faire un peu
Comme moi ? » reprit-il, se tordant sur sa couche.

Tout à coup, cependant, il se dresse farouche.
C'est qu'à la paix, au calme, au silence du soir,
Un nouveau cri venait parler de désespoir,
Un cri d'enfant, un cri d'angoisse et d'épouvante.

Tous deux se sont jetés du lit. Chose navrante,
Ils n'ont rien dit et sont courus comme des fous
Vers la chambre où dormait le pauvre ange si doux,
Leur Pierrot, leur trésor. Ils ont ouvert la porte.
Mais, horreur ! La fenêtre… et les draps !

         Elle est morte,
La mère. Le mari, lui, rapporta l'enfant.
Il l'avait retrouvé tout pâle, tout saignant,
Couché sur le cheval ; morts tous deux. Les sangsues
Formaient une ceinture aux pauvres formes nues,

Les ventouses avaient pompé ce jeune sang.

Est-ce pour châtier le père. Dieu puissant !
Trois ans Vachet vécut farouche et solitaire
Comme un fauve des bois. Mais demain on
l'enterre !

14 avril 1877.

LE DOLMEN

Sous la lune au croissant pâle,
Dans les landes de Carnac,
Immobiles comme un lac,
Un chant sourd, coupé d'un râle,

Résonne lugubrement :
C'est l'hymne sacré du druide.
Le poignard luit comme un fluide,
Comme un éclair inclément.

11 a frappé la victime,
Le Romain Talésinus,
Dont les aïeux à Brennus
Prirent la dépouille opime.

Étendu sur le dolmen,
Pour Teutatès les eubages
L'avaient oint des saints herbages
De verveine et de lichen.

Il est nu. Les vierges blondes,
Les druidesses aux yeux bleus,
Devant ce corps musculeux
Sont folles et furibondes,

En songeant que les vautours
Tremperont leur bec fétide
Dans cette gorge splendide
Que convoitent les amours.

Avec les bardes féroces,
Elles acclament sa mort,
Mais ce n'est point sans remord,
Sans des tortures atroces.

Si les blêmes séramis,
Sacrificateurs farouches,
Ne couvaient de regards louches
Leurs fronts pâles comme un lis,

Elles mettraient sur ses lèvres,
D'un seul bond impétueux,
Un baiser voluptueux,
Plein de désirs et de fièvres ;

Et tu voudrais, ô Romain !
Mourir deux fois au lieu d'une
Sous le croissant de la lune
Dans ce sacrifice humain !

Il expire. De ses plaies,
Larges comme les sillons,
Le sang s'échappe à bouillons
Et tache les blanches saies.

Puis, lentement dans la nuit
Se disperse le cortège.
Redoutant le sacrilège,
La vierge blonde s'enfuit.

Mais c'est en vain qu'elle aspire
Au sommeil, à son oubli…
Ô Romain déjà pâli !
C'est ton nom qu'elle soupire.

Et dans un sinistre hymen,
La mort suivant l'insomnie,
La druidesse est réunie
Au cadavre du dolmen.

Juin 1877.

SIESTE ROMAINE

La rampe en bois de sycomore
Sous les plis du vélarium
Protège la longue rémore
Qui s'empare de l'atrium.

L'eau, tombant des tritons d'albâtre
Avec un bruit plaintif et doux
Dans une vasque à fond bleuâtre,
Du temps qui fuit marque le pouls,

Et berce la patricienne,
Sans la distraire ou la troubler,
Dans sa paresse olympienne,
Éblouissante à contempler.

Surtout que la jeune indolente,
Aux yeux sombres et langoureux,
A cette grâce ensorcelante
Où va se prendre l'amoureux.

Sa chevelure s'échafaude
En nattes d'un châtain foncé
Que cercle un bandeau d'émeraude
Par la flèche d'or traversé.

Son front est pur comme l'ivoire
Par la veine à peine irisé ;
Toute autre blancheur serait noire
À côté de ce teint rosé.

Malgré l'ampleur majestueuse
Du péplum, il ne peut cacher
La double ligne sinueuse
Des seins qui viennent le toucher

En faisant onduler la soie,
Ainsi qu'à la brise du soir
La voile souple se déploie,
L'étang soulève son miroir.

Tandis qu'en un rêve elle plane,
Des autels à pieds de lion
Les Lares ont cru voir Diane
Au rendez-vous d'Endymion.

Août 1877.

BERTHA

Montagnes du Jura, blancs rochers de Soleure,
Séculaires forêts où le vent du soir pleure,
Torrents impétueux ou ruisseaux assoupis,
Pampres des verts coteaux, vallons dorés d'épis,
Pays où s'écoula ma première jeunesse,
Que par le souvenir au moins elle renaisse !
Suisse austère, charmante et sauvage à la fois,
Aujourd'hui, quand je songe au calme de tes bois,
Je revois encadré dans ce grand paysage
D'un être que j'aimais le suave visage.
D'un être que j'aimais !… Pourquoi ? je l'aime encor,
Quoique son âme au ciel un soir prit son essor.
Nulle femme depuis, sur ma route agitée,
N'a su te remplacer, ô vision lactée !

Le pauvre lis obscur amour de mes quinze ans,
La fillette naïve enfant de paysans,
Qui fut le premier cœur ouvert à ma tendresse,
Est encore aujourd'hui mon unique maîtresse…
Oh ! rappelons ces jours enchanteurs du passé !
Pauvre Bertha, le vent a bien vite effacé
L'empreinte de ton pied, ta trace de sylphide !
Qui se souvient là-bas de ton regard limpide ?
L'écho du Weissenstein répond à d'autres voix…
Mais qu'importe, Bertha ? moi j'entends et je vois…

UN DUEL

(Souvenir de l'École militaire)

I

Ce n'est pas pour ta blanche main,
Ni pour ton œil bleu, ma Suzette,
Que je dégaînerai demain ;
Non, c'est pour un morceau de pain
Sale, jeté dans mon assiette.

Parole ! je ne voulais pas.
On m'a dit : « L'honneur le réclame :
Le sang, à défaut du trépas,
Pour l'honneur, seul bien des soldats. »
Cela m'a mis du feu dans l'âme.

Grobillard guettait dans un coin
Les porteurs d'un brûlant message…
Suzette, que ces jours sont loin
Où je luttais à coups de poing
Pour une fleur de ton corsage !

Grobillard, mon grand ennemi,
Tordant sa moustache naissante
Et fermant un œil à demi,
Fredonnait *do, sol, si, re, mi.*
De sa voix la plus caressante.

Et, d'un geste fort dédaigneux,
Aux ambassadeurs de la guerre,
Il a désigné deux messieurs :
« Vous vous entendrez avec eux ;
Ce duel ne me trouble guère ! »

À quatre il se sont réunis.
Je me rengorge et me resserre,
Fier comme un bey de Tunis ;
Je ne donne pas deux *pennys*
De la peau de mon adversaire.

Enfin le tout est arrangé :
Dimanche, le bois de la Cambre
Me verra content et vengé,
À moins qu'à l'honneur outragé
Je n'ajoute le deuil d'un membre...

Ou même... On ne meurt qu'une fois,
Et je connais assez la terre.
Mais ne plus entendre ta voix.
Ne plus voir ton joli minois...

Oh ! si je n'étais militaire !

Il me faut, futur officier,
Élève aux *armes spéciales,*
Laisser la peur à l'épicier
Pâlissant au froid de l'acier,
Et moi braver sabres et balles.

II

Voici, j'ai fait mon testament :
Mon bien n'est pas lourd, ma Suzette,
La fortune vient en dormant.
J'ai dormi : le sort inclément
Ne m'a donné qu'une grisette,

Et je lui laisse, en souvenir
De nos promenades intimes,
Mon nom à chanter, à bénir ;
Puis mes cheveux… et l'avenir,
Avec quatre vingt-dix centimes.

Je te souhaite un amoureux
Tendre comme moi, mais plus riche ;
Mais pas de péquin langoureux ;
Plutôt alors un bouc affreux
À qui tu tires la barbiche !

Pas de larmes sur mon tombeau.

Tu composeras l'épitaphe :
« Ci-gît un pauvre jouvenceau
Qui déchira plus d'un manteau,
En ne songeant pas à l'agrafe. »

III

Suzette, reprends ta gaîté,
Relève ton voile de veuve,
Ajoute à ta robe d'été,
Pour fêter le ressuscité,
Un volant de dentelle neuve.

Glisse un bluet dans tes cheveux,
Car les bluets vont bien aux blondes.
Le destin a suivi tes vœux :
L'honneur est sauf et je ne veux
Guère visiter d'autres mondes.

Cela s'est gentiment passé :
Si je porte mon bras en manche,
Ne crains rien, le sabre a glissé
En m'écorchant ; il a laissé
Du vermillon sur la peau blanche.

Il faisait froid lorsque là-bas,
Dans une clairière isolée,
Sous les arbres lourds de frimas
Nous avons arrêté nos pas,

Le cœur battant, la main gelée.

Un petit vent aigre soufflait
À l'oreille un mauvais présage.
L'horizon était gris et laid,
La neige livide étalait
Son linceul, autre triste image.

N'importe, l'on s'est dépouillé,
Du collet jusqu'à la ceinture…
Aujourd'hui mon sabre est rouillé.
La neige seule t'a mouillé,
Toi ma défense et ma parure.

Mais je ne t'en aime pas moins,
Beau sabre ; à toi plus douce fête.
L'été nous courrons dans les foins.
Je te crois digne encor des soins
De la blanche main de Suzette.

Tu paras à moitié le coup
Qui m'aurait amputé le coude,
Et je te dois déjà beaucoup
De m'avoir épargné l'atout.
Aussi ne crains pas qu'on te boude.

Garde ton pur tranchant d'acier,
Pour d'autres combats, d'autres fêtes…
Alors, frappe sans t'effrayer.

Défends ton pays, ton foyer,
Contre d'odieuses conquêtes.

Suzette, tu connais la fin
De cette folâtre équipée :
Un bandage de linge fin
Renouvelé soir et matin
Sur ma chair quelque peu fripée.

Si l'on me tient à l'hôpital,
C'est pour me punir, ma mignonne ;
Cet hiver, point de carnaval :
Je ne puis escorter au bal
Ta fringante et blonde personne.

À travers les carreaux blafards,
La mascarade qui s'amuse
Me nargue de ses tons criards,
Et pour remplacer tes regards
Je n'ai que la voix de la muse.

Bruxelles 1873.

ASPIRATION AU GRAND REPOS

(*Imitation de Gœthe*)

Sur les cimes isolées
        Règne la nuit,
Et jusqu'au fond des vallées
        À peine un bruit
Tressaille à mon oreille,
L'oiseau des bois sommeille…

Toi, le baume souverain,
Dernier remède à nos peines,
Qui dissipe le chagrin,
Qui brise toutes les chaînes,
Je suis fatigué d'errer
Sans but à travers le monde,
        Paix profonde !
Viens… ah ! viens me délivrer.

NINA

ÉTUDE RÉALISTE

(*Tirée des mémoires d'un ex-bohème*)

Un soir, nous discourions sur Callot et Goya,
Artistes dont le rêve idéal côtoya
Les bas-fonds ignorés des réalités crues.
Tu disais : « Il faut voir d'autres gens, d'autres rues,
Entendre d'autres sons, flairer d'autres odeurs ;
Dégager au contact de puissantes hideurs
Notre esprit saturé de propretés banales.
Que n'inscrivons-nous pas, un jour, dans nos annales
Une étude sortant de la convention ?
Réduits à travailler d'imagination,
Allons plutôt cueillir une impression vraie.
Foin de l'épi bourgeois ! vive la folle ivraie !
L'air du salon fatigue. Et ces jolis discours,
Musqués, corrects, polis, qu'on entend tous les

jours ;
Ces mornes vêtements : habits noirs, satin, gaze ;
Ces chatoiements connus, ces clartés de topaze
Que le lustre allumé projette chaque soir
Sur les mêmes cristaux, dans le même miroir ;
Cette étiquette ainsi qu'un coucou régulière,
Ces Dons Juans roués, ces prudes La Vallière,
Ne m'intéressent plus et m'énervent l'esprit,
Tandis que les côtés que ce monde proscrit :
Les sentiments outrés, la franchise brutale,
La passion ardente, implacable et fatale,
L'apanage du peuple enfin, a cet attrait
Qui charme le poëte et qui t'inspirerait.
Ami, que dirais-tu si ce soir, à cette heure,
Nous quittions le confort de notre humble demeure,
Ce bon feu dont nos pieds ont usé les chenets,
Moi, mes dessins corrects ; toi, tes chastes sonnets,
Pour courir le quartier propice à l'aventure,
Étudier les mœurs, peindre d'après nature ?
N'as-tu point d'un *modèle*, ici, quelques haillons
Avec lesquels on puisse approcher des souillons ? »

Je consentis. L'idée était fantasque, étrange.
Au dehors il neigeait, mais le froid et la fange

Ne nous arrêtaient pas. Et notre équipement,
Si Complexe qu'il fût, ne nous prit qu'un moment.

Ami, je vois encor ta casquette de laine
Reposant sur l'oreille en triangle scalène,
Ta vareuse en gros bleu n'ayant plus qu'un bouton
(Mais ce beau négligé devenait du bon ton),
Ton pantalon trop court, mais si large en revanche
Qu'il flottait en battant du mollet à la hanche ;
Il avait la couleur qu'estiment les voyous,
Ce brun affreux tirant sur le jaune et le roux.
Point de col, de cravate : un lambeau d'un vieux châle
S'effrangeait crânement sur ta chemise sale.
Des bottines ? Jamais ! À défaut de sabots,
Tu portais des souliers destinés aux pieds-bots,
Éculés, sans talons et presque sans semelle,
Clapotant sous tes pas ainsi qu'une crécelle.
Si j'ajoute aux détails de ce déguisement
Tes cheveux hérissés en barbes de froment,
Leurs mèches dédaignant l'abri de la casquette,
Comme un lutin volant fuit devant la raquette,
Ton bel air de Gavroche insolent et narquois,
Se moquant des mouchards comme des Iroquois,
Un fou rire m'oblige à déposer la plume,

Tant tu paraissais né pour porter ce costume !
Moi, j'étais moins complet. Tu m'avais emprunté
Les haillons les plus crus dans leur réalité,
Et je n'atteignais pas ta splendeur pittoresque,
Ton débraillé vainqueur ; je n'étais que grotesque.
Je m'étais attifé du dessous du panier,
De ces nippes sans nom, trésor du chiffonnier.
J'avais le chapeau noir qui passe, en Angleterre,
De la tête du lord au front du prolétaire.
Nous sortons en chantant, bras dessus, bras dessous,
Riches de la gaîté des vagabonds sans sous.
Les bourgeois évitaient de loin notre rencontre,
Tant nous leur paraissions dangereux pour leur montre.

Forçat, au cercle étroit d'un monde condamné,
Comme toi j'éprouvais un plaisir raffiné
À franchir pour un soir l'éternelle barrière,
À donner à mes goûts d'aventure carrière.
Il me semblait ainsi que je vivais deux fois,
Que j'entrais dans la zone où règnent d'autres lois.
Les préjugés étroits, les fausses convenances,
Atténuant en vain de sourdes dissonances,
Je refoulais le tout dans un passé lointain,
Car du moins j'espérais jusqu'au prochain

matin
Perdre, avec le costume et le ton de ma caste,
Même le souvenir d'un horizon moins vaste
Que celui qui s'offrait maintenant à mes yeux.

Les murs moisis avaient des tons de camaïeux
Sous le ciel gris cachant ses étoiles avares.
La neige en se fondant formait de larges mares
Qu'il fallait enjamber, mais où nous pataugions
Afin de n'inspirer aucunes préventions
Aux amis inconnus de la cour des Miracles,
Dont nous longions déjà les borgnes habitacles.
Un pâle réverbère agitait dans cette eau
Bourbeuse des reflets de nacre et de burgau.

Nous approchions du port. Des ruelles étroites,
Ayant ainsi que nous horreur des lignes droites,
Et d'où nous arrivaient les trilles des crins-crins,
Des pas de lourds danseurs, des rires, des refrains,
Des blasphèmes d'ivrogne et des propos obscènes,
Nous firent hésiter. « Bah ! nous cherchons des scènes
De sabbat, disais-tu, les gros mots, les jurons !
Soyons deux Christs perdus entre mille larrons.
Nous avons l'embarras du choix. Prends-tu la gauche ?...

— Non, par ici plus fort résonne la débauche…
— Mais de l'autre côté j'entends un chant d'amour :
De l'italien, mon cher : la salie Ventadour
Dans ce quartier maudit a donc sa succursale ?
La voix me donne froid dans l'épine dorsale.
Tiens… Vois-tu ce beau gars qui s'en va, sifflotant,
Il relève la tête… Il a l'air palpitant…
Gageons que la chanteuse est de sa connaissance.
C'est peut-être un amour dans son efflorescence,
Un début de roman : courons les épier. »

L'amoureux me semblait un aide-batelier :
Jeune, blond et trapu, sanguin, large d'épaules,
Gaillard comme il n'en croît point entre les deux pôles.
Ses membres musculeux aux moindres mouvements
Menaçaient de crever ses rudes vêtements.
Malgré le temps humide, il retroussait ses manches ;
Il avait ce pas lourd, ce bercement des hanches,
Que gagnent les marins à cause du roulis.

Nous le suivions, longeant les murs nus et salis.
Parfois il s'arrêtait. Aux quinquets des vitrines

Il paraissait rêver, puis ses larges narines
Frétillaient, car le chant de la *prima donna*
Soulevait dans son cœur les laves de l'Etna.
Il poursuivait alors dans le brouillard humide
Sa course, en rut ainsi qu'un étalon numide.

Mais il touche à l'Eden. Il franchit les degrés
Du seuil d'un cabaret. Et nous sommes entrés
Avec lui. Le spectacle est d'une poésie
Que n'inventerait pas, Hoffman, ta fantaisie !
D'abord, lorsque la porte eut refermé sur nous
Ses carreaux gigottants et ses volets jaloux,
Une odeur de tabac, d'alcool et d'haleines,
Un âcre résidu d'exhalaisons humaines,
Revêtant les objets de tons fauves et roux,
Nous picota les yeux et provoqua la toux.

La salle fourmillait d'angles et d'encoignures
Dont le plâtre crasseux s'en allait par rognures.
Des bancs cassés, pendant des escabeaux boiteux ;
Des tables que couvrait comme un vernis laiteux ;
Un comptoir ébréché, garni de ces fioles
D'élixirs aux reflets cuivrés des lucioles ;
Une lampe fumeuse estompant de lueurs
D'énergiques profils noyés dans les sueurs ;
Près du comptoir assis, un aveugle et son orgue,
Misérable, voûté, jaune, à point pour la morgue,

Jouant, la main pendante, un morceau que Verdi
N'aurait point reconnu pour ses *I Lombardi* :
Telle était à peu près cette salle immortelle.
Une femme chantait dans un coin. C'était elle.
Elle vint près de nous et nous tendit sa main
Aux longs doigts blancs, aux bouts avivés de carmin.
Elle était Italienne et moins belle qu'étrange.
Le noir bleu des raisins au temps de la vendange
Paraissait imité dans ses cheveux lustrés.
Elle avait de grands yeux, mobiles, égarés,
Des paupières semblant avec le k'hol brunies,
Le teint pâle et bistré des folles insomnies,
La bouche humide et rouge, entr'ouverte aux baisers,
Le nez et le menton fortement accusés.
À vrai dire, un moment, je la proclamai laide,
Car elle s'approcha gauche, hésitante et raide.
Mais la glace, en rompant, la montra sous un jour
Inspirant le désir à défaut de l'amour.
Son corps ferme, élancé, d'une belle cambrure,
Sa poitrine au corsage ouvrant une échancrure,
Ses bras nus, et surtout son sourire, auraient pu
Triompher d'un ruffian de voluptés repu.
Nous lui plaisions assez, toi surtout dont le rôle
Atteignait au prodige et m'ôtait la parole,
Tant tes propos grivois sentaient bien leur

terroir,
Tant le sel du voyou passait dans ton tiroir.
Vingt mètres en dessous de ta couleur locale,
J'avais d'un déclassé la misère bancale.

Mais un ancien ami m'inspirait quelque effroi :
C'était le batelier, privé de son emploi
De tendre soupirant. J'éprouvais un malaise
En voyant ce jaloux s'agiter sur sa chaise
Tandis que tu berçais Nina sur tes genoux,
Comme si l'importun c'était l'autre, et pas nous.

« Allons, belle Nina, vide ta limonade ! »
Mais Nina ne boit plus, elle devient maussade.
Pourquoi ? C'est que, poussant le caprice très-loin,
Elle t'offre un plaisir, et que tu réponds :
« Foin ! »
Près du gars rebuté la belle est retournée.
As-tu vu ces regards incisifs de damnée
Qu'elle nous a lancés en partant ? Mais déjà
Son front n'indique plus quel refus l'affligea.
La voilà s'approchant, irritante et câline,
Du pauvre batelier. Comme elle l'examine !
Il n'a pas de rancune, il est amoureux fou :
Rien qu'au bruit de sa robe à l'agaçant froufrou,
Tout son être robuste est agité d'ivresse.
Vois comme il prend ses mains et comme il les

caresse !
Comme il lève sur elle un regard attendri !
Homme sain qui s'attache à cet être pourri !
La porte s'est ouverte. Un nouveau personnage
Interrompt de Nina le coquet badinage.
C'est, je gage, un marin italien. Jeune encor,
Ses traits sont réguliers, son chapeau de castor
Ne cache qu'à demi sa forte chevelure.
Il est svelte et nerveux. Il porte à la ceinture
Un de ces couteaux plats, tranchants des deux côtés.
Sur Nina ses grands yeux noirs se sont arrêtés.
D'un geste impérieux, de la main il l'appelle.
Elle approche timide, abaissant sa prunelle.
Il lui parle tout bas et la prend à l'écart.
Mais bientôt il s'anime, il l'engage au départ.
Que dit-il ? « Ô Nina, ma *sorella* mignonne,
Ne reste pas ici, dans ce bouge enfumé
Où ton corps se dégrade, où ton cœur s'est fermé.
Hier je suis venu ; tu bouchas tes oreilles :
As-tu donc oublié les douceurs sans pareilles,
Les jours ensoleillés, l'azur de nos climats ?
Ah i quitte ce séjour de glace et de frimas,
Où l'amour est aussi brutal que la nature,
Où la honte t'a prise, ô pauvre créature !
Notre navire est prêt, il s'éloigne demain.
Pourrais-tu retirer cette main de ma main
Et me laisser partir tout seul pour l'Italie,

Alors que par ma voix ton père te supplie ? »
Nina ne disait rien, mais son air ennuyé,
D'enfant gâté par un reproche humilié,
Sa bouche qui faisait une adorable moue,
Le sang qui restait rose et calme sous sa joue,
Auraient découragé ce fraternel effort.
Pourtant elle cédait, soit crainte, soit remord.

Déjà nous souhaitions au couple bon voyage,
Nous rêvions au vaisseau traçant un long sillage,
Lorsqu'une voix cria : « Vous allez m'oublier ! »
C'était l'amant jaloux, François, le batelier.
« Ah ! c'est trop se moquer... vraiment ! d'un honnête homme.
Laissez là cette fille, ou bien je vous assomme !
Vous, la belle, venez ; retournez dans ce coin.
Envoyez promener ce beau galant plus loin !
Il ne me faut qu'une heure... — Ô Frans ! il est mon frère.
— Qu'importe ? nous avons à régler une affaire !
J'attends depuis longtemps. Ce que l'on m'a promis,
Pardieu ! je l'obtiendrai. N'est-ce pas, mes amis ? »
Et son regard lubrique interrogeait le bouge.
Les buveurs, hébétés, levaient leur trogne

rouge.

Mais l'Italien sortait, entraînant la Nina.
« Vous m'avez entendu ! » rugit Frans. Lui tourna
Vers la brute sa belle et sympathique tête.
« Stelvio ! dit Nina, laisse mugir la bête ! »
Ils étaient sur le seuil. Frans s'élança d'un bond,
Livide, sans pouvoir parler, et, furibond,
Atteignit Stelvio, qu'il saisit à la gorge.
Sa poitrine grondait comme un soufflet de forge.
Les yeux de l'Italien eurent un froid regard.
Sa main libre à la gaîne arrachait le poignard.

Alors il se passa quelque chose d'atroce :
Aussi prompt qu'un éclair, dans le cœur du colosse,
Sans même tâtonner, le couteau s'enfonça.
Mortellement frappé, le Flamand s'affaissa
Tandis qu'un flot de sang lui sortait de la bouche.
Stelvio demeurait pétrifié, farouche.
Oh ! je revois toujours son regard égaré ;
Jamais regard humain autant m'aura navré !
C'était l'homme de cœur confondu par son crime ;
C'était lui qu'on plaignait, et non pas la

victime.

La police suivit les voisins ameutés.
Quelques instants après, nous étions arrêtés ;
Mais on nous relâcha dès l'aube, au crépuscule :

Un seul était resté dans la froide cellule.

À son ami

ARTHUR GŒMAERE

Professeur d'histoire, de costume et d'antiquités

À l'Académie Royale des Beaux-Arts

d'Anvers

Ce poême est dédié

PAR G. E.

TANCHELIN

POÈME DRAMATIQUE EN TROIS ACTES ET SEPT TABLEAUX

PERSONNAGES

TANCHELIN, hérétique.

WALTER GARZ, magicien.

ARTHUR DE LÉMESÈLE, **HATTO D'YBACH**, **JEAN DE NÉLIS**, **BERNARD D'ANTOING**, } chevaliers envoyés à Tanchelin.

GATHBER, **FRANS**, **DIDIER**, } habilants d'Anvers.

SELIMAH, courtisane.

GENEVIÈVE, mère de Tanchelin.

ANNE-MARIE, **NÉDELINE**, **JOHANNA**, } femmes du peuple.

Visions, guerriers, danseuses, bourgeois, artisans, écuyers.

La scène se passe à Anvers.

Époque : 1100 à 1105

    I.   Geneviève
    II.   La Tour d'Asco
    III.   La Vision
    IV.   Le Miracle
    V.   La Séduction
    VI.   Une Fête de Tanchelin
    VII.   L'Expiation

ACTE PREMIER

PREMIER TABLEAU

GENEVIÈVE

Intérieur d'une maison dans le *burg* d'Anvers au commencement du XIIe siècle. Une sorte de lutrin soutenant un riche missel que le jeune Tanchelin est occupé à enluminer et à orner. Une femme âgée à son rouet.

Scène PREMIÈRE

TANCHELIN, GENEVIÈVE.

TANCHELIN.

Vois, mère… j'ai fini. Que dis-tu de ce rouge
Dans le manteau du Christ ?

GENEVIÈVE.

Superbe ! Le ciel bouge,
Tant l'azur est réel. Cette main… ce bras nu,
Puis ces anges avec leur regard ingénu !…
Sais-tu que c'est joli, cela ? Tu te surpasses…
Jamais tu n'as trouvé de couleurs si vivaces.

Tanchelin.

Oh ! je sais que mon art te semble merveilleux,
Que tout ce que je fais est parfait à tes yeux !

Geneviève.

Oui, mais à t'admirer je ne suis pas la seule !

Tanchelin.

Bonne mère !… Mettons un peu d'or dans la gueule
De ce dragon… Le feu sera plus ressemblant.

Geneviève.

Repose-toi !

Tanchelin.

Plus tard.

Geneviève.

                        Ton visage est brûlant,
Tu te fatigues trop.

Tanchelin.

            Il faut, au crépuscule,
Que je porte ce livre à la sœur Sainte-Ursule.
C'est un cadeau pour le prieur de Saint-Michel.

Geneviève.

Présent royal ! Vit-on un si riche missel ?
          (Walter Garz passe devant la fenêtre.)
Mais, regarde… Quel est ce moine à l'air sauvage ?

Tanchelin.

Tiens ! Walter Garz ! C'est un étrange personnage,
Peu sympathique. On dit qu'il vient de l'Orient,
De Palestine. Il fit la route en mendiant.
Pourtant il serait riche et d'illustre naissance,
Ajoute-t-on ici ; même la médisance
Souffle tout bas qu'il n'est pas plus moine que nous.
Que c'est un grand seigneur amoureux et jaloux,
Cachant entre les murs d'un *steen* sombre et morose
Une belle captive aussi fraîche que rose.
Tu sais, ce bâtiment avancé dans l'Escaut,
Hors l'enceinte du *burg*.

Geneviève.

       La tour du comte Asco,
Que l'on n'habite plus parce qu'elle est hantée.

Tanchelin.

Eh bien, Walter vit dans cette tour désertée.

Geneviève.

Ne serait-ce point lui, cet esprit infernal
Allumant chaque nuit sur la tour un fanal
Qui répand sur le fleuve une clarté de soufre
Et traîne les marins attardés vers le gouffre ?

Tanchelin.

On le prétend aussi. Gathber l'éclusier
M'a raconté qu'un soir, oubliant de prier,
Il contemplait l'Escaut. Une barque légère,
Blanche, mince, aux contours d'une forme étrangère,
S'approcha comme un rêve en glissant sur les flots.
Il ne vit ni rameurs, ni voiles. Des sanglots
Partaient de cet esquif ; une clarté bleuâtre
Planait sur une femme au visage d'albâtre.
Elle était étendue et paraissait dormir.
Belle ? Gathber m'a dit qu'elle le fit frémir.
C'était une beauté fantastique, infernale.
La barque s'arrêta. La voyageuse pâle

Ouvrit de grands yeux noirs, s'élança vers le sol.
Gathber, comme insensé, voulut la prendre au vol ;
Mais soudain une main de fer, tenace et dure,
L'étreignit. Devant lui se dressa la stature
D'un homme noir…

Geneviève.

C'était Walter Garz…

Tanchelin.

Et
Gathber
Eut à peine le temps de conjurer l'enfer
En se signant. Alors, avec un affreux rire,
Disparurent les deux esprits du sombre empire.

Geneviève.

C'est terrible ; surtout que Gathber ne ment pas !

Tanchelin.

Chose étrange ! ce Gartz est toujours sur mes pas ;
On dirait que vers moi quelque chose l'attire.

Geneviève.

S'il s'intéresse à nous, ce n'est que pour nous nuire,
Mon pauvre Tanchelin !

Tanchelin.

       Il ne me fait point peur.
Il a beau me lancer un regard de fureur,
Ignorant par quel tort j'ai mérité sa haine,
Je m'en rapporte à Dieu…

Geneviève.

      Quelle angoisse soudaine
Me déchire le cœur ! Est-ce un pressentiment ?
Tu parlais de sortir ce soir…

Tanchelin.

       En ce moment,
Car j'ai fini. Je cours rapporter mon ouvrage.

Geneviève.

Reste ici. Moi, j'irai plutôt.

Tanchelin.

     Quel badinage !

Geneviève.

Non. Fais-moi ce plaisir, j'ai besoin d'un peu d'air.

Tanchelin.

Alors, viens avec moi.

Geneviève.

     on… seule… Ah !
(Commencement d'orage.)

Tanchelin.

            C'est
l'éclair.
L'orage se déchaîne, et tu voudrais, ma mère,
Faire ce long chemin ! Pourquoi ?

Geneviève.

         Pensée
amère,
Je tremble en te voyant sortir.

Tanchelin.

          Rassure-toi.
C'est ma faute, avec ces histoires… Ton effroi
Passera.

Geneviève.

Mon cher fils, mon enfant…

Tanchelin.

Sois sans crainte !
(Sa mère l'embrasse et le bénit.)

Geneviève.

Seigneur, étends sur lui ta protection sainte !
Allons, embrasse-moi, méchant enfant. Plus fort !
Et reviens sans tarder, car je suis à la mort.

Scène II

(Orage.)

Geneviève, *seule.*

Il est parti. Déjà son absence me dure…
(Elle regarde par la fenêtre.)
Sa taille a disparu sous le dais de verdure.
Je n'entends plus ses pas… Pourquoi me quitte-t-il ?
Ah ! c'est qu'il a seize ans, le cœur grand et viril !…

Tandis que nous tremblons toujours, nous, pauvres femmes
Ces jeunes gens sont prêts à traverser des flammes.
Ils ne comprennent pas nos craintes, nos soucis.
Est-ce parce que nous les voyons si petits,
Si frêles, ne pouvant se secourir eux-mêmes,
Que nous voulons plus tard, vieilles, faibles et blêmes,
Le cœur vivant toujours de sa maternité,
Au blond adolescent que nous avons porté
Servir encor d'instinct, de seconde nature ?
Mais voilà que descend déjà la nuit obscure.
L'orage gronde… Hélas ! quel temps il fait dehors…
Mon pauvre Tanchelin ! j'éprouve des remords…
J'aurais dû te garder malgré toi. Quelle pluie !
Ciel ! renvoyez-le-moi vite, que je l'essuie,
Que je sèche au foyer ses vêtements mouillés…

*(Éclair et violent coup de tonnerre. On aperçoit
un instant le moine Walter Garz dans
le fond de la chambre.)*

Ah ! quel horrible éclair !… Devant mes yeux brouillés
Du moine Walter Garz j'ai vu la haute taille
Se dresser dans ce coin… le long de la muraille…
Sa bouche ricanait, et son affreux regard

S'enfonça dans mon sein comme un coup de poignard…
Oh ! ce moine fatal est bien le mauvais ange…
Si je priais…
(Elle tombe à genoux.)

TANCHELIN, *dans l'éloignement.*

À moi ! des assassins !

GENEVIÈVE.

Qu'entends-je ?
Cette voix, c'est la sienne…

TANCHELIN, *plus faible.*

Ô ma mère !

GENEVIÈVE.

C'est lui !
Je savais qu'un malheur nous guettait aujourd'hui.
(Elle se précipite affolée vers la porte.)

DEUXIÈME TABLEAU

LA TOUR D'ASCO

Une salle dans la tour du comte Asco. Ameublement à la fois riche et bizarre dans le style byzantin. Coussins, trépieds dans lesquels brûlent des aromates. Tentures. Au fond une fenêtre romane donnant sur l'Escaut ; à droite et à gauche portières d'étoffe.

Walter Garz : longue tunique noire à dessins fantastiques brodés en or : ceinturon avec poignard et miséricorde. Selimah : costume de gaze, bras nus, décolletée, larges bracelets en or, diadème, chevelure ondoyante.

Scène PREMIÈRE

WALTER GARZ, SELIMAH.

Walter Garz.

Je le crois mort : jamais ce glaive n'a fait grâce.
Il a crié trois fois : « Ma mère ! » et la grimace
Du moribond crispa ses lèvres de seize ans…
Mais on venait. De loin un bruit de pas pesants
M'avertit que le guet accourait à l'alerte,
Et je m'enfuis pour lui laisser la découverte…

Selimah.

Pauvre jeune homme !

WALTER.

Il était fait pour ton amour.

SELIMAH.

Seize ans !…

WALTER.

Mais le pigeon menaçait le vautour.
Il eût changé plus tard la face de la terre ;
Je le savais. Sa mort pour nous est salutaire.

SELIMAH.

Que n'ai-je pu le voir !

WALTER.

Il n'est jamais trop tard.
Veux-tu de ses attraits repaître ton regard ?
Dis un mot…

SELIMAH.

Pourrais-tu lui rendre l'existence ?

Walter.

Non, ce pouvoir échappe à mon omnipotence.
Je puis te le montrer tel que mon bras l'a fait.
Ordonne, et jusque-là s'accomplit ton souhait.

Selimah.

Eh bien ! je veux le voir !…

Walter.

               À ton gré, fille d'Ève !
Tanchelin ! par ton sang qui recouvre ce glaive,
Par Nambroth, Lucifer, Astaroth, Aquiel ;
Par Belzébuth, Moloch, Abaddon, Uriel,
Parais devant celui qui commande à l'abîme !
Emen hetam, per ipsum, ipso fac, itime !

> Le fond de la chambre s'obscurcit ; grand bruit souterrain. Un nuage noir se place devant la fenêtre ; des étincelles volent dans l'air. Des ombres informes s'amassent et se dissolvent ; peu à peu ces brumes confuses finissent par se dessiner nettement, et l'on aperçoit la chambre de Geneviève. Tanchelin blessé, mais vivant, est étendu sur un lit ; sa mère est agenouillée au chevet.

Scène II

LES PRÉCÉDENTS, TANCHELIN, GENEVIÈVE.

TANCHELIN, *d'une voix faible.*

J'ai soif !

WALTER GARZ.

Malheur ! il vit...

SELIMAH, *en extase.*

Le bel adolescent !
(Avec joie, à Walter.)
Ah ! tu n'as pu frapper ce front éblouissant !
(Courant vers la vision.)
Je t'aime ! Accours vers moi, dans mes bras, doux jeune homme !
Pour te guérir l'amour t'offre le meilleur baume...
Viens, je t'appelle.

WALTER.

Enfin, c'est à recommencer...

SELIMAH.

Non, jamais !

WALTER.

Sois tranquille ! À toi de l'enlacer.
Si la mort échoua, je tiens encor la femme.
Je n'ai pu le tuer : à votre tour. Madame...
Disparaissez ! *Ipsum, pax Mathon, Senoza !*
(La vision se retire.)

Scène III

WALTER GARZ, SELIMAH.

Selimah, *regardant toujours du côté où Tanchelin lui est apparu.*

Non, demeure...

Walter.

À ce point Tanchelin la grisa
Qu'elle ne songe plus qu'à faire sa conquête...
Écoute, Selimah !... Cette charmante tête,
Ces lèvres appelant la fureur des baisers,
Ces yeux bleus ingénus, ces blonds cheveux frisés,
Ce corps souple et bien fait, musculeux sans rudesse,
Ce cou voluptueux, cette chair de jeunesse,
Ces bras qui semblent faits pour se fermer sur toi,
Cet être dont l'image a causé ton émoi...
Je te le livre. Il est en ton pouvoir, ta chose...

À ta main d'effeuiller cette superbe rose ;
À toi d'initier à de plus doux secrets
Cet innocent qui cloître encore ses attraits.
Aujourd'hui les baisers d'une mère invalide
Sont l'unique plaisir dont il ait l'âme avide :
À toi de réchauffer ce marbre séducteur...
Achève le travail de son divin sculpteur...
Sois le souffle puissant qui passe dans ses veines,
Plongeant son sang glacé dans des chaleurs soudaines.
Je te le livre... À toi de le prendre bientôt.
Jouis-en.

Selimah.

Mais je l'aime...

Walter.

Eh ! c'est tout ce qu'il faut.
Je t'accorde trois ans de pouvoir sur sa vie...
Fais en sorte qu'après ta soif soit assouvie,
Qu'il te dégoûte même... Alors tu le diras...
Je viendrai sur-le-champ le tuer dans tes bras !

Selimah.

Je l'aimerai toujours !

Walter.

                    Femme, tu me fais rire.
Dis-moi, quand du vivant le sinistre vampire
Durant trois longues nuits a sucé le sang vif ;
Lorsque entre les seins nus il a plongé, lascif
Et féroce à la fois, mordillant dans la plaie,
Collant la veine ouverte à sa langue pelée,
Aspirant la santé, la sève, la vigueur,
Dans cette lutte affreuse où le mort est vainqueur,
Crois-tu que lorsque arrive un moment où la goule
Voit que le dernier sang plus lentement s'écoule,
Goûte qu'il a perdu de son acre saveur,
Qu'il est aqueux et fade et n'a plus de chaleur,
Elle retourne encore avec la même joie,
À l'heure de minuit, sur cette lâche proie ?
Non, elle l'abandonne à la tombe et s'enfuit,
Cherchant un lit plus chaud pour y passer la nuit.
Ainsi, je t'en préviens, un jour tu seras lasse :
L'amour, comme le tien surtout, bien vite passe.
Dans l'étreinte des sens tu sentiras l'effort,
Et ce ne sera plus le chaud baiser qui mord,
Mais comme un bâillement qu'on réprime à l'église.
Un plaisir machinal, un amour sans surprise…
Ce sera le moment de t'en débarrasser.

Selimah.

Mais si je le fuyais ?

WALTER.

      Non, il faut me laisser
Le soin de dénouer vos amours. C'est mon rôle :
C'est toi qui le conduis, et c'est moi qui l'immole.

SELIMAH.

Et j'ai trois ans ! Pourquoi ?

WALTER.

        Pour le faire pécher,
Pour que de chute en chute il aille trébucher,
Voluptueux d'abord, puis criminel, infâme,
Aux portes de l'enfer, où j'attendrai son âme.

ACTE DEUXIÈME

TROISIÈME TABLEAU

LA VISION

L'intérieur de la maison de Geneviève à peu près comme l'a montre le second tableau. Il fait nuit. Tanchelin est endormi ; sa mère, étendue sur un banc, a également cédé au sommeil.

Une musique céleste se fait entendre. Clarté rose dans la chambre. Trois visions : femmes en blanc, longs cheveux dénoués, pieds nus, couronnes de roses blanches, de lis et d'œillets blancs.

Première Femme.

Tanchelin ! Tanchelin ! l'élu de Jésus-Christ,
Salut à toi ! Bonne nouvelle à cette terre !
Ta voix fera taire
Les mauvais esprits ;
Les hommes accourront à ta parole austère,
Et les méchants seront confondus et surpris.

Deuxième Femme.

Tanchelin ! Tanchelin ! Jésus de Galilée,
Le fils du charpentier, aima l'humanité,
   L'innocence immaculée,
   La douce naïveté.
Il abaisse les rois dans leur pourpre étoilée,
Et par son bras l'orgueil des tyrans est dompté.

Troisième Femme.

Tanchelin ! Tanchelin ! nous te sacrons prophète ;
Tu diras que le jour du peuple est arrivé.
   Avec lui lève la tête !
   Avec toi qu'il soit sauvé !
Du royaume de Dieu tu feras la conquête
En chassant de l'autel le prêtre réprouvé.

Les Trois Visions.

Sois le feu destructeur des nouvelles Sodomes !
Tu répandras le sel sur leurs débris fumants,
   Tu renverseras les dômes
   Et les palais incléments !
Paix aux persécutés, liberté pour les chaumes,
La mort pour l'oppresseur et pour ses monuments !

(Les anges s'approchent de Geneviève, la réveillent et la font lever.)

Geneviève.

Tanchelin, ô mon fils ! conserve dans ton âme
Le trésor que ta mère y sema pour le Ciel !
    Crains la bouche de la femme
    Qui semble t'offrir le miel…
La fille des démons te guette dans sa trame…
Repousse le nectar qui te cache le fiel !

Les Trois Visions.

    Tanchelin, que Dieu t'éclaire !
    Songe au jour de sa colère.

Geneviève.

Je pars, mon fils, et vais prier le Ciel pour toi !

*(Elle retombe sur sa chaise. Les visions disparaissent.
Obscurité.)*

Tanchelin.

Mère, que disais-tu ?… Je frissonne… Pourquoi ?
Quelqu'un est-il entré ?… la porte est-elle ouverte ?…
On parlait cependant… Ah !… sa main… froide… inerte…

QUATRIÈME TABLEAU

LE MIRACLE

La place Sainte-Walburge et le *burg*. À droite et à gauche les murs de la forteresse. Sur l'eau quelques barques de pêcheurs. Hommes et femmes du peuple attendant l'arrivée de Tanchelin. Bancs de pierre servant aux poissonniers.

Scène PREMIÈRE

FRANS, DIDIER, GATHBER, NÉDELINE, JOHANNA.

Frans.

C'est un saint. Il guérit les lépreux et les sourds.

Nédeline.

Il promet à la terre une ère d'heureux jours.

Johanna.

D'où vient-il ?

Frans.

            C'est le fils d'une humble et bonne
femme,
Geneviève. Elle est morte, et Dieu garde son âme !

Didier.

Son nom est Tanchelin. Il n'a que dix-neuf ans.
Jadis il ouvrageait les livres des couvents,
Et, s'il prêche aujourd'hui, c'est contre les chanoines
De Saint-Michel.

Gathber.

Il a raison.

Frans.

                        Des   seigneurs
moines
Il flagelle la chair et les péchés mignons.

Johanna.

Ils nous ont défendu d'entendre ses sermons.

Nédeline.

Il est beau comme un ange…

Frans.

Et n'a point de maîtresse.

Johanna.

Ses cheveux sont d'un blond…

Nédeline.

Ses doigts d'une finesse…

Didier.

Il mange du pain noir et ne boit que de l'eau.

Johanna.

Anne-Marie avait un enfant au berceau.
Chétif, malingre… Il passe… il prend le petit être
Avec ce doux regard qui nous fait reconnaître
Les bons cœurs ; puis il lève au ciel ses grands yeux bleus…
On voit couler ses pleurs… Courbez-vous, fronts pieux…
Tous tombent… Un instant après, rose de vie,
Dodu, riant, l'enfant à la mère ravie
Était rendu…

Gathber.

Depuis que le grand Tanchelin
Prêche et nous convertit, Walter Garz, châtelain
D'Asco, celui qu'on dit avoir vendu son âme
Au diable, a disparu sans qu'on sache où…

Frans.

Sa femme,
La blonde Selimah, hante encore la tour.

Didier.

Le sorcier est parti, la belle aura son tour.

Scène II

LES PRÉCÉDENTS, WALTER GARZ.

WALTER GARZ s'est rapproché du groupe pendant cette conversation. Il est couvert d'un épais capuchon.

(À part.)

Pas encore. J'allais commencer mon voyage ;
Mais je reste un instant pour contenter ma rage.

Ah ! le fourbe triomphe, et Selimah languit !
Il est réformateur, il soulage, il guérit.
Cet adolescent blond fuit devant une jupe !
Mais, mon maître, Walter ne sera point ta dupe.
Je laisse l'ennemi dans la place en partant,
Et c'est ici, plus tard, que certain je t'attend,
Un mot encore : *Emen hetam, perfac itime !*
À moi l'orage, à moi les foudres de l'abîme !

(Il étend plusieurs fois les mains et se retire.)

Le ciel se couvre. La tempête se déchaîne sur l'Escaut. La foudre éclate. On entend des cris de détresse. L'orage augmente de violence. Grande panique sur la plage. La scène reste vide un moment. Entre deux bordées formidables une barque s'enfonce dans le fleuve ; puis paraît une autre chaloupe montée par Tanchelin et quatre rameurs. Tanchelin est debout et prie. La barque paraît soutenue sur les flots par une force surnaturelle. La foule revient sur la plage. On dépose sur les bancs de pierre les cadavres de trois pêcheurs.

Scène III

TANCHELIN, FRANS, DIDIER, GATHBER, NÉDELINE, JOHANNA.

Nédeline.

Ô notre seul secours, rendez-nous le bonheur !
Notre père…

Une Femme.

Un époux !

Johanna.

    Un fiancé, Seigneur !

Gathber.

Quelle tempête horrible et tout à coup venue,
Alors que dans les airs ne planait point de nue !

Une Femme.

Est-ce que Tanchelin n'est plus aimé du Ciel ?

Frans.

C'est blasphémer. Prions… Que le bras paternel
De ce juste nous aide en ce jour de détresse !

Johanna, *vers Tanchelin.*

Ô vous, l'homme de Dieu, pitié pour ma faiblesse !
Nous remettons en vous notre dernier espoir.

Didier.

Regarde, l'horizon paraît déjà moins noir.
Vois comme, sans trembler, son frêle esquif s'avance ;
À sa voix le soleil sourit dans la distance…
Les éclairs sont éteints, le tonnerre s'est tu.
Devant lui l'élément terrible est abattu.

Plusieurs Voix.

Ô maître Tanchelin ! sécherez-vous nos larmes ?

Gathber.

Le Ciel est furieux… tu viens et le désarmes.

Tanchelin, *aborde ; il marche vers les bancs où sont étendus les noyés.*

Mes amis, à genoux !… Si tu m'aimes, Jésus,
Si tu plaças l'indigne au rang de tes élus,
Daigne écouter la voix d'un peuple qui t'implore.
Montre-lui ta grandeur, ouvre encore à l'aurore
Ces yeux déjà saisis par le froid de la mort.
Mon Dieu, prends en pitié ces victimes du sort !
Prouve en ce jour de deuil jusqu'où va ta puissance,
Créateur éternel, source de renaissance !
Et toi, peuple fidèle, entonne l'hosanna !

Walter, *reparaissant un instant.*

De ce vent de malheur que l'enfer déchaîna
Il ne reste plus rien. L'élément est un traître…

Tanchelin, *les mains étendues sur les morts.*

Frères, relevez-vous au nom de notre Maître !
(Les noyés ressuscitent.)

Walter.

Ô miracle maudit !

La Foule.

Ils vivent ! Ô splendeur !…

Walter, *montrant Tanchelin.*

C'est Jésus… Qu'on l'adore…

Tanchelin.

Arrière, tentateur !
(Walter Garz disparaît.)

CINQUIÈME TABLEAU

LA SÉDUCTION

Une salle romane dans le *burg* d'Anvers. Cachet nu et sévère de l'époque, colonnes et pleins cintres, portail d'honneur dans le fond. Un fauteuil, sorte de chaise curule, placé à droite sur une estrade. De chaque côté de la porte une fenêtre précédée de plusieurs marches.

Chevaliers richement vêtus sur le devant de la scène : Arthus de Lémesèle, envoyé de Godefroy le Barbu, comte de Louvain et marquis d'Anvers ; Hatto d'Ybach, envoyé par le comte-évêque d'Utrecht ; Bernard d'Antoing, représentant l'évêque de Cambrai. Hommes d'armes portant les bannières aux écussons des divers princes représentés. Au fond, dans un groupe de mendiants, Selimah, la figure cachée par un long voile noir.

Scène PREMIÈRE

HATTO D'YBACH, ARTHUS DE LÉMESÈLE, JEAN DE NELIS,
BERNARD D'ANTOING.

HATTO D'YBACH, *à Arthus.*

Vous venez de Louvain, et c'est la même cause
Qui nous rassemble ici. L'horizon n'est pas rose.

ARTHUS.

Les archers de Godfried sont battus, déroutés.

Jean De Nélis.

Sur le chemin d'Utrecht trois châteaux dévastés.
Fument encore.

Hatto d'Ybach.

    Ils n'épargnent point les églises,
Et nos trésors sacrés tentent leurs convoitises.

Arthus.

Le duc offre la paix à ce jeune imposteur.

Hatto.

L'archevêque m'a pris pour son médiateur.

Bernard d'Antoing.

Et Burchard de Cambrai conclut une alliance
Avec lui, s'il s'engage à rester hors de France.

Jean De Nélis.

Quelle honte pour nous, Messires ! un vilain
Nous fait attendre ici. J'enrage…

BERNARD.

                        Un Tanchelin,
Sorti je ne sais d'où…

Jean De Nélis.

                Moinillon sans maîtresse,
Qui pourrait s'ébaudir sans fondre dans sa graisse,
Et n'ose déboucher les généreux flacons !

Arthus.

Il ne chasse jamais et n'a pas de faucons,
Pas même un hobereau…

Bernard.

                    Le lugubre prophète !
Être joli garçon et jouer à l'ascète ;
Avoir vingt ans et fuir les femmes et le vin,
C'est affreusement bête, ou du dernier divin !
Lorsque Dieu fit la vigne, il condamna l'eau claire ;
Et depuis…

Hatto.

    Chut ! voici notre visionnaire.

Scène II

LES PRÉCÉDENTS, TANCHELIN, *escorté d'hommes d'armes.*

Tanchelin.

Que cherchez-vous ici ? que voulez-vous de moi ?

Arthus.

Mon suzerain le comte et marquis Godefroy,
Admirant ta vertu, tes principes austères,
T'offre avec ce castel, à ton choix, quatre terres.
Il le fait chevalier et burgrave d'Anvers.

Tanchelin.

Mon suzerain à moi, le Roi de l'univers,
Me défend d'accepter un titre et l'opulence
Offerts par un tyran pour payer mon silence.
Si je le veux, je puis réunir un trésor
Où viendront se noyer tous vos carolus d'or ;
Mais je n'ai rien, seigneurs. Ce que je prends aux prêtres,
Je le donne en aumône à ceux-ci, pauvres êtres
Qu'ils laissent, disent-ils, à la garde du Ciel,
Qu'ils abreuvent d'absinthe en se gorgeant de miel.
Si je confonds châteaux et temples dans ma haine,

C'est que de vos excès la coupe infâme est pleine.
Il est temps que des biens chacun ait une part…
J'ai dit, et maintenant hâtez votre départ.

Arthus.

La guerre continue alors…

Tanchelin.

                    La guerre sainte,
Que nous achèverons sans terreur et sans crainte.
Vainqueurs jusqu'à présent, le Ciel guide nos pas.
Notre cause est la sienne, et Dieu ne trahit pas.
À revoir, chevaliers ! Avertissez vos princes
Que dès demain je compte envahir leurs provinces.

*(Il congédie les seigneurs du geste.
Tous sortent, excepté Selimah.)*

Tanchelin s'assied et s'enfonce dans une profonde méditation, durant laquelle il se parle à lui-même.

Scène III

TANCHELIN, SELIMAH.

Tanchelin.

Demain ! leur ai-je dit, et demain, et toujours,
L'extermination doit poursuivre son cours.
Es-tu content, Seigneur ? Ce glaive de l'archange
Que tu me confias, l'ai-je bien employé ?
Ai-je dans mon cœur, jeune encore, assez noyé
Des sentiments trop doux pour celui qui te venge ?
Me faudra-t-il marcher longtemps dans ce désert,
Susciter la révolte, étendre le carnage ?
Ah ! je sens par moments chanceler mon courage :
Au plaisir du succès mon cœur n'est plus ouvert.
Ne valait-il pas mieux choisir pour cette tâche
Un vieillard connaissant le monde et ses détours,
Qui ne demande plus que le feu des amours
Devant ses yeux voilés comme un lutin s'attache ?
Plus d'un prince est heureux, sur son trône puissant,
De semer ou respect ou terreur sur sa route,
Hélas ! Mais savais-tu, mon Dieu, ce qu'il en coûte
D'être justicier lorsqu'on est innocent,
De condamner des torts qu'excuse l'âme humaine,
De punir lorsqu'on a le cœur exempt de haine,
D'être auguste lorsqu'on pourrait être charmant,
D'être le bienfaiteur au lieu d'être l'amant !
Ah ! voir sur son chemin s'étouffer le sourire,
Ne rencontrer partout qu'un œil qui vous admire,
Un cœur qui vous bénit, mais vous respecte trop
Pour oser vous le dire en un plus tendre mot !
C'est à ce triste sort que tu vouas ma vie.

Je puis, en t'invoquant, ressusciter les morts,
Rouvrir les yeux au jour, l'oreille aux doux accords ;
Mais je n'entendrai pas une bouche ravie
Me révéler un trouble auquel je répondrais,
Qui me dise tout bas ce que chacun me crie,
Et m'aime pour moi seul, et non pour mes bienfaits !
Non, je suis un puissant : sur mon front jeune et pâle
Le signe de Moïse est tracé par ta main.
Mais, s'il sentait en lui la froideur sépulcrale,
S'il ne contemplait plus les fleurs de son chemin,
C'est qu'il allait mourir, et moi je vis à peine ;
C'est qu'il se confondait dans ta grandeur sereine ;
C'est qu'il était au soir, et je suis au matin !

Selimah.

Tanchelin, à l'amour un autre cœur aspire !…

Tanchelin.

Qu'ai-je dit ? quelle voix répond à mon délire ?…
Une femme en ces lieux !… Que me veux-tu, dis-moi,
Ma pauvresse, ma sœur ? Apaise ton émoi.
J'ai chassé ces barons effrontés tout à l'heure,
Mais jamais un malheur ne quitte ma demeure
Sans être soulagé ! Qu'as-tu besoin ? Du pain…
Des conseils… un remède ?

Selimah.

Ah ! laisse-moi ta main...
Tu peux me consoler, mais je veux plus que d'autres...

Tanchelin.

Vous croyez qu'il n'est pas de maux comme les vôtres ?

Selimah.

Regarde-moi d'abord, écarte ces haillons...
Trouves-tu que ces yeux aient assez de rayons,
Que cette bouche s'ouvre avec assez de grâce ?
Pourrait-elle enivrer les lèvres qu'elle embrasse ?
Aimes-tu de ce teint le duvet velouté ?
Mon corps a-t-il assez de fraîcheur, de beauté,
Pour attirer les sens du jeune homme que j'aime,
Pour qu'il se rende alors que j'implore moi-même ?

Tanchelin.

Oh certes ! Non, jamais plus suave idéal
N'a caressé mon rêve... Ô supplice infernal !
Et si j'étais celui dont tu cherches la chaîne,
J'aurais depuis longtemps ta volonté pour reine,
Mon idole, et j'aurais un soin tendre et jaloux

À t'éviter des pleurs… Car tes yeux sont si doux !…
Parle ! Il suffit d'un mot pour qu'à tes pieds je tombe
Et te jure un amour au delà de la tombe !
Mais que dis-je ?… Va-t'en… fuis-moi, ma pauvre enfant,
Car te voir, c'est t'aimer… Ah ! ma tête se fend…

Selimah.

Mais si l'amant choisi m'exile et me repousse ?

Tanchelin.

Impossible ! Peut-on bannir ange si douce ?

Selimah.

S'il est ingrat ?

Tanchelin.

      Tais-toi ! Cela n'existe pas.
Dis-moi plutôt qu'il vient, qu'il a suivi tes pas.

Selimah.

Il me hait…

Tanchelin.

Sacrilège !

SELIMAH.

Et je veux mourir…

TANCHELIN.

Folle !
Sois heureuse de vivre et d'aimer ! Tout s'envole
En rêves, en soucis. Cette cendre est de l'or ;
Cet oiseau transpercé représente l'essor ;
Cette fumée est l'art ; ces larmes, le génie.
Crois-moi, rien ici-bas n'est digne de l'envie
Que l'amour, l'amour seul ! Heureux qui peut aimer !
Heureux qui peut charmer et se laisser charmer !
Tous ne le peuvent pas. Plains-les. Maintenant laisse…
J'ai besoin d'être seul… Quelle étrange faiblesse !

SELIMAH.

Ah ! tu doutes qu'il soit un cœur assez brutal
Pour me désespérer !… Tu sauras tout… C'est mal.
Trop longtemps en secret j'ai subi ce supplice ;
Au moins tu videras la moitié du calice :
Car c'est toi, Tanchelin, toi que j'aime, toi seul !

TANCHELIN.

Ah ! je sens sur mon front la glace du linceul.
Quel aveu redoutable ! Ignores-tu ma tâche ?
Sais-tu que maintes fois j'ai pleuré comme un lâche
En songeant qu'il était peut-être quelque part
Un être qui m'aimait ou m'aimerait plus tard,
Et que je devrais, moi, brûlant de sympathie,
Oublier cet amour, fuir cette ombre chérie,
Cela, parce que Dieu m'a réservé pour lui !
Et de la terre, hélas ! mon espoir s'est enfui.

Selimah.

Oh ! que me fait à moi ton titre de prophète !
Je te veux tout entier : à moi ta blonde tête,
À moi ta bouche rose et ton front de vingt ans,
Ce sourire d'aurore et ces yeux éclatants !…

Tanchelin.

Pour la dernière fois, écoute. Vois, je tremble…

Selimah.

Aimons-nous ici-bas, soyons damnés ensemble !
N'as-tu pas dit tantôt que le reste n'est rien ?…
Sous ton souffle enflammé ma bouche le sent bien…
Écoute. Lorsqu'en juin le chaud soleil éclaire,
La femme, les oiseaux, les fleurs, tout veut lui plaire.
Ce ne sont que couleurs, parfums, gazouillements.

Jamais les frais jardins n'ont été si charmants.
Alors l'astre sacré, qui voit ces pauvres êtres,
Ces fleurs poussant partout dans les murs, les fenêtres,
Exhalant vers le ciel leurs désirs parfumés,
Tous ces jolis minois avides d'être aimés,
Étend ses doux rayons sur les blondes corolles,
Sur les calices bleus, les riches auréoles,
Lilas, roses, jasmins, jusqu'aux bluets des blés ;
Ils sont dans cet amour d'astre à plantes brûlés :
Le soleil les aspire. En parfum la fleur monte,
Sans crainte que là-haut une étoile l'affronte.
Comme le chaud soleil, sois bon et généreux.
Ami, je suis la fleur ; l'amour malencontreux
D'un voisin du néant s'est porté sur l'immense,
Et tout en souriant devant cette démence,
Tandis qu'elle s'épuise haletante d'ardeur,
Soleil, ne rougis pas de l'amour d'une fleur !

TANCHELIN.

C'en est fait. Sois contente. À moi soit ta tendresse !
Je veux vivre et mourir dans cette douce ivresse !

ACTE TROISIÈME

SIXIÈME TABLEAU

UNE FÊTE DE TANCHELIN

Une vue d'Anvers comme au quatrième tableau ; à droite, près du fossé du bourg, sur une estrade, une sorte de pavillon : une toile tendue sur quatre colonnes monumentales formant ainsi autant d'arcs de triomphe.

Scène PREMIÈRE

FRANS, GATHBER, DIDIER.

FRANS.

Quoi ! c'est vous que je trouve ici, brave Gathber,
Dépouillé de la cape et vêtu du haubert !
Courez-vous aux combats ?

GATHBER.

La guerre es rallumée...
Sur Anvers le marquis marche avec une armée.

FRANS.

Et Tanchelin s'amuse...

GATHBER.

Il nargue le danger...
Le Ciel, qui l'inspira, saura le protéger ;
Puis n'a-t-il pas les bras des Anversois fidèles,
Leurs cœurs rudes et francs comme les citadelles ?
On nous a convoqués, aussitôt nous courons,
Remplaçant par le fer nos frêles avirons...

DIDIER.

L'archevêque-électeur a banni le prophète ;
Un trésor est promis au porteur de sa tête.

GATHBER.

Qu'ils viennent la chercher entre nos rangs amis !

FRANS.

La trahison se livre au travail des fourmis :
Parmi ses partisans qu'un faux frère se glisse,
Il est perdu. Je crains la blonde séductrice
Qui s'attache à ses pas. Depuis que Tanchelin
La connaît, il n'est plus le même ; il semble plein
De mollesse et d'ennui.

Didier.

                        Son horizon se voile.

Gathber.

Mais il est bon, j'ai foi dans son heureuse étoile.

Frans.

Vient-il ici ?

Gathber.

        Voilà les apprêts d'un festin,
Et ce bruit qu'on entend déjà dans le lointain
Annonce son approche… Ah ! je vois son visage…
Dans la foule à grand'peine il se fraye un passage…

Fanfares et instruments de musique du temps. Le cortège débouche sur la place, précédé d'une grande affluence de peuple ;

les pertuisaniers écartent la foule. Tanchelin à cheval, sous un dais soutenu par six gentilshommes. Il porte un costume superbe, à la fois religieux et guerrier ; sur la tête, la couronne ; manteau de pourpre, glaive à la main. Selimah à cheval à côté de lui, sous le dais. Étendards et trophées.

Chœur De Guerriers.

Faux dieux, tremblez sur vos autels !
Sonnez, trompes, cors et buisines ;
Battez, cymbales, taburels ;
Chantez, cithares et doucines
Mélodieux ou solennels !

Tanchelin a passé comme le vent d'orage ;
Les chênes terrassés recouvrent son chemin ;
Ses ennemis ont fui lorsqu'il levait la main ;
La clarté du Thabor entourait son visage.

Peuples, il est votre sauveur,
Il a le don de prophétie ;
Prosternez-vous avec ferveur,
Saluez le nouveau Messie.

Les faibles sont vengés des fers de l'oppresseur ;
Les hommes sont égaux et libres sur la terre ;
L'amour universel oppose sa douceur
Aux chaînes du donjon, aux vœux du monastère.

Il a ressuscité les morts,
Lazare, chante ses louanges !

Le tombeau glacé rend ton corps
À l'immortalité des anges !

Anvers, réjouis-toi, berceau de Tanchelin ;
La sainte Bethléem est ta seule rivale ;
La gloire de l'Escaut vaut celle du Jourdain :
Au frère de Jésus il offrit l'eau lustrale.

Faux dieux, tremblez sur vos autels !
Sonnez, trompes, cors et buisines ;
Battez, cymbales, taburels ;
Chantez, cithares et doucines
Solennels ou mélodieux !
Gloire à Tanchelin, gloire aux Cieux !

Tanchelin descend de cheval et se rend vers l'estrade, donnant la main à Selimah. Il prend place avec elle à une table sur le devant de la scène. Les autres tables sont occupées par les convives. Des pages font circuler les mets et les vins.

Tout à coup une femme accompagnée d'un enfant traverse la foule et vient tomber aux pieds de Tanchelin. Le prophète descend de l'estrade et vient à elle.

Scène II

LES PRÉCÉDENTS, ANNE-MARIE.

Anne-Marie.

Seigneur, puis-je à vos pieds déposer ma requête ?

Tanchelin.

Parle, ma pauvre femme, et relève la tête !
C'est ton fils, ce blondin ?

Anne-Marie.

                  Seigneur, c'est grâce à vous
Que sa mère le peut bercer sur ses genoux.
Il soumet la sagesse à son naïf empire,
Et je réchauffe encore à son divin sourire
Une longue vieillesse, heureuse de le voir
Dans son petit lit blanc s'endormir chaque soir,
S'éveiller le matin avec les fleurs écloses !
Il répand son azur dans mes rêves moroses.
Oui, c'est à vous, Seigneur, que je dois ce trésor.
Vous avez arrêté le redoutable essor
Dans lequel sa jeune âme au Ciel, blanche colombe,
Montait en me laissant le néant de la tombe.
Mais vous l'avez guéri, laissez-nous vous bénir…

Tanchelin.

D'un passé déjà loin je perds le souvenir…
Et quelle est ta requête ? Expose-moi sans crainte

Le moyen de t'aider…

Anne-Marie.

Ma vie est presque éteinte :
Je n'ai plus d'avenir ; mon horizon borné
Aux clartés de l'espoir n'est plus illuminé ;
Mais pour vous quelquefois se tourmente mon âme…

Tanchelin.

Comment ?

Anne-Marie, *montrant Selimah.*

En vous voyant auprès de cette femme !

Tanchelin.

Selimah !

Anne-Marie.

Croyez-moi, cette fraîche beauté
Ne voile que noirceur, mensonge et fausseté !

(Selimah s'est approchée. Elle écoute quelques instants, puis appelle des gardes à qui elle donne des instructions à voix basse.)

Anne-Marie.

N'avez-vous point suivi, dans l'air des crépuscules,
Le vol capricieux des vives libellules
Près des étangs dormants, au-dessus des roseaux ?
L'horizon empourpré reflété par les eaux
Donne un éclat magique à leurs ailes de gaze,
À leurs corps de velours et d'or ensoleillés ;
Et, fascinant d'abord vos yeux émerveillés,
L'insecte vous suspend dans une vague extase…
Mais ne poursuivez pas ce joyau séducteur,
Laissez à ses zigzags, à son parcours oblique
Ce lutin, envoyé d'un pouvoir diabolique !
Soustrayez-vous au charme, ou craignez un malheur…
On court vers les roseaux, on enfonce, et l'abîme
Se referme sur vous, imprudente victime !
Seigneur, laissez voler la libellule d'or,
Fuyez la séductrice… Il en est temps encor…

(Elle part, Tanchelin, rêveur et soucieux, se rassied sur l'estrade. Orchestre et fanfare accompagnant en sourdine l'hymne triomphal.

Chœur De Femmes.

Ô Tanchelin, l'univers t'aime !
Vous chantiez, prêtres et guerriers,
Sa gloire et son pouvoir suprême ;
Vous ne songiez qu'à ses lauriers,

À l'éclat de son diadème :
Célébrons aussi sa beauté,
Car c'est de la divinité
Le plus éclatant apanage,
Et la douceur de son visage
En égale la majesté !

SELIMAH.

Pourquoi ce front couvert lorsqu'on te déifie ?
Entends-tu résonner cet hymne triomphal ?
Ne me regarde pas avec cet air fatal :
L'amour n'existe plus quand le cœur se défie.

TANCHELIN.

Tais-toi. Ce bruit est faux et vain.
J'ai rencontré sur mon chemin
Un petit enfant et sa mère.
Elle riait comme naguère
Une femme riait sur moi.
J'ai songé qu'un plaisir de roi
Ne valait pas ce doux sourire,
Et je donnerais un empire
Pour être encore cet enfant
Que l'amour maternel défend.

SELIMAH.

Va, chasse ces pensers, qui ne vont bien qu'au lâche.
Ta jeunesse est en fleur, et tu la maudirais !
Non, tu n'as pas le droit de faillir à la tâche
Et de te tourmenter d'insipides regrets.

TANCHELIN.

Dis, cette tâche, quelle est-elle ?
N'ai-je pas abusé de tout ?
Quel but encor s'offre à mon aile ?
As-tu quelque boisson nouvelle
Qui triomphe de mon dégoût ?

(La voix d'Anne-Marie : grand cri dans les coulisses.)

Ah !

TANCHELIN.

Des cris de détresse !... Eh ! c'est quelqu'un qu'on tue.

SELIMAH.

Qu'importe ? l'on se bat tous les jours dans la rue...
De quoi t'occupes-tu ?... Du vin, gais échansons !
Je bois à notre amour...

TANCHELIN.

					Il me vient des soupçons…
On dirait une voix de femme… Oh ! plus de doute…
Ce sont les pauvres gens que j'ai vus sur ma route.

> *(Il s'élance du côté d'où sont partis les cris, et s'arrête comme atterré en apercevant les corps d'Anne-Marie et de son enfant.)*

SELIMAH, *à part.*

Dors avec ton enfant de l'éternel sommeil…
Tanchelin oublia de payer ton conseil…
Mais tu n'as rien perdu.

TANCHELIN.

						Saisissez les coupables,
L'inspirateur surtout de ces faits exécrables !…
Qu'on lui crève les yeux ! qu'on lui brûle les mains !
Écartelez son corps aux ronces des chemins !…
Et tu brilles, soleil, sur cette terre immonde !
Et des actes pareils n'ont point tari ton onde,
Fleuve majestueux ! Et tu n'as point tonné,
Foudre du ciel ! D'un feu terrible, instantané,
Tu n'as pas consumé cette meute barbare !
C'est à croire que Dieu de vengeance est avare,
Ou qu'à nous châtier son éclair s'est usé.
Je le remplacerai. Comment ! ils ont osé,
Des hommes, des soudards, armés pour les batailles,

Pour monter à l'assaut des farouches murailles,
Géants bardés de fer, colosses triomphants,
Massacrer une femme ! égorger des enfants !
Où sont-ils, ces héros ?…

Selimah.

Frappe ! je suis la cause…

Tanchelin.

Le meurtre ne part pas d'une bouche si rose !

Selimah.

Oui, j'ordonnai leur mort… Tu ne frappes donc pas ?…

Tanchelin.

Pour tuer une femme, il est bien d'autres bras.
Ceux qui t'ont obéi sont exercés. Écoute,
Un jour tu vins t'offrir brillante sur ma route ;
J'étais simple de cœur, et tu m'as fasciné.
En ce moment fatal, que n'ai-je deviné
Ce qu'une femme cache au fond de sa tendresse,
Ce que coûte au bonheur l'énervante caresse !
J'ai tout abandonné pour ta possession.
J'étais l'élu de Dieu… Dans une vision,

Il m'avait confié son rôle sur la terre.
Je marchais vierge encor, jeune prophète austère,
L'ennemi des puissants, l'appui des opprimés ;
Les morts se relevaient dans leurs tombeaux fermés.
Aujourd'hui je n'ai plus de pouvoir. Cette femme
M'a pris jusqu'au salut éternel de mon âme.
Oh ! nous avons coulé des jours riants à deux !
Les tournois et les jeux, les festins somptueux,
Les plaisirs délirants, se succédaient sans trêve.
C'était un tourbillon insensé comme un rêve :
Des bains d'ambre et de lait, des averses de fleurs
Dont Rome eût contenté trois règnes d'empereurs.
Mes voluptés faisaient rougir ton spectre pâle,
Et je te dépassais, vil Héliogabale !
Mais le peuple m'aimait, car, superbe et puissant,
Prodigue de trésors, avare de son sang,
Jamais, ô Selimah ! dans ma plus folle orgie
Je n'aurais d'un bravo serré la main rougie.
C'est pourquoi je t'abhorre et je maudis le jour
Où ta bouche homicide osa parler d'amour…

Selimah.

Ô Tanchelin ! tais-toi, je t'en supplie !…

Tanchelin.

Arrière !

(Au peuple.)

Je vous la livre… Et moi je finis ma carrière…
Ma tête est mise à prix. Notre duc Godefroy
Approche de la ville. Allons, emmenez-moi…
Peuple, tu me croyais encore un saint prophète…
Je suis un imposteur, tu peux vendre ma tête…

Gathber.

Tu restes notre frère, un homme infortuné…

Tanchelin.

Qui donc ose défendre encore le damné ?…

Gathber.

Nous tous. Quelle que soit envers Dieu ton offense,
Tu fus bon pour le pauvre, il prendra ta défense ;
Puissions-nous de l'exil t'adoucir le chemin !

Tanchelin.

Oui, l'exil du tombeau, l'exil sans lendemain !

SEPTIÈME TABLEAU

L'EXPIATION

La rive de l'Escaut aux environs d'Anvers. Une barque dans le lointain. Nuit étoilée. Tanchelin paraît et se dirige vers le fleuve. Walter Garz le guette au passage.

Scène DERNIÈRE

TANCHELIN, WALTER GARZ, GATHBER, LA VOIX DE GENEVIÈVE.

TANCHELIN.

La barque de Gathber en ces lieux doit m'attendre.

WALTER GARZ.

Contre ma haine, enfin, rien ne peut le défendre.
Où cours-tu, Tanchelin ?

TANCHELIN.

Qui m'appelle ?...
Walter !
Sois heureux… Ta fureur ne datait point d'hier.
Le moment est venu, repais-la de ma chute ;
Abreuve-toi de sang, rien ne te le dispute.

Walter.

Tu partais cependant… Gardais-tu quelque espoir ?

Tanchelin.

En est-il pour le pampre au sortir du pressoir ?
En est-il pour le blé mûr battu dans la grange ?
En est-il pour Satan, démon qui fut un ange,
Pour la fleur effeuillée et pour l'oiseau plumé ?
Le monde me rejette, et le Ciel m'est fermé.

Gathber, *chantant*.

Voyageur timide,
    Ne crains rien.
De l'onde perfide
    Je sais bien
Modérer la houle,
Car mon bras est fort,
Et la barque roule
Déjà vers le port.

WALTER, *poignarde Tanchelin.*

Viens, alors…

TANCHELIN.

Ah !… je meurs… Maudite soit la terre !
Maudit soit le berceau… Maudit le baptistère !
Maudit l'amour trompeur, maudite la beauté !
Maudit soit…

LA VOIX DE GENEVIÈVE.

Pauvre enfant ! songe à l'éternité…
Repens-toi si tu veux retrouver une mère…

TANCHELIN, *se redressant.*

Qu'entends-je ?

WALTER.

C'est de Dieu la raillerie amère.
Maudis-le, Tanchelin…

TANCHELIN.

Non… je ne maudis plus…
Mère, pardonne-moi ! Pardonne-moi… Jésus !

WALTER.

Il m'échappe… et l'enfer attendait cette proie…
(Il disparaît.)

LA VOIX DE GENEVIÈVE.

Pour un pécheur sauvé dans le Ciel que de joie !
C'est mon fils, anges saints ; nous remontons à deux !

GATHBER, *débarquant.*

Je n'entends encor rien… Tout est silencieux.
(Il chante en cherchant.)

> Mais la jeune dame
>   Lui répond :
> Dépose la rame
>   Sur le pont,
> Et cargue tes voiles…
> Voguons jusqu'au jour.
> Avec les étoiles
> S'éveille l'amour !

(Il trébuche contre le cadavre de Tanchelin.)

Un cadavre !… C'est lui !… La lutte est terminée…
Dans ce nuage d'or son âme est entraînée !…

Anvers, 23 juillet 1877.